Kekuatan Berkat yang Luarbiasa

Richard Brunton

Kekuatan Berkat yang Luarbiasa
Published oleh Richard Brunton
New Zealand

© 2018 Richard Brunton

ISBN 978-0-473-44574-4 (Softcover)
ISBN 978-0-473-44575-1 (ePUB)
ISBN 978-0-473-44576-8 (Kindle)
ISBN 978-0-473-44577-5 (PDF)

Pengeditan:
Terima kasih kepada
Joanne Wiklund dan Andrew Killick
untuk membuat cerita ini lebih mudah di baca!

Produksi dan penyusunan kata:
Andrew Killick
Castle Publishing Services
www.castlepublishing.co.nz

Cover design:
Paul Smith

Kutipan alkitab di ambil dari versi
New Kings James
Copyright © 1982 oleh Thomas Nelson, Inc.
Digunakan dengan seizin. Seluruh hak cipta.

SELURUH HAK CIPTA

Tidak ada bagian dari publikasi ini yang dapat diproduksi,
disimpan dalam sistem pengambilan,
atau ditransmisikan dalam bentuk apa
pun atau dengan cara apa pun, elektronik, mekanis,
fotokopi, rekaman atau lainnya, tanpa izin tertulis
sebelumnya dari penerbit.

DAFTAR ISI

Kata Pengantar	5
Pendahuluan	9
Bagian Satu: Kenapa Berkat?	**15**
Wawasan	17
Kekuatan kita berbicara	21
Bergerak dari berbicara baik ke berkat	24
Apa itu berkat Kristen?	27
Otoritas kerohanian kita	31
Bagian Dua: Bagaimana Kita Melakukannya	**39**
Berberapa prinsip penting	41
Membuat mulut bersih gaya hidup	41
Minta Roh Kudus berbicara apa	42
Berkat yang berbeda dari perantaraan	42
Jangan menghakimi	44
Contoh untuk menggambarkan	45

Situasi yang berbeda yang kita menghadapi 47
    Berkati mereka yang mencaci atau mengutuk anda 47
    Berkati mereka yang melukai atau menolak anda 49
    Berkati orang yang telah melantarkan anda 52
Berkat bukannya mengutuk diri sendiri 55
    Mengenali dan mematahkan kutukan 55
    Berkati mulut seseorang 58
    Berkati pikiran seseorang 59
    Berkati tubuh kita 60
    Berkati rumah serta pernikahan dan anak-anak anda 66
    Berkat seorang bapa 75
    Berkati orang lain dengan melakukan nubuat 81
    Berkati kerjaan anda 81
    Berkati komunitas 85
    Berkat tanah 87
    Berkat Tuhan 88
    Kata terakhir dari seorang pembicara 90

Applikasi 91
Bagaimana bisa menjadi seorang Kristen? 93

KATA PENGANTAR

Saya mendorong anda untuk membaca buku kecil ini dengan pesan yang penuh kekuatan – anda bisa berubah!

Sewaktu Richard Brunton dan saya makan pagi bersama waktu itu dia berbagi apa yang Tuhan telah menyatakan kepadanya tentang kekuatan berkata dan saya langsung lihat ada potensi dampak yang besar dalam kehidupan orang lain.

Saya filmkan pesan dia untuk menunjukkan di gereja kami buat camp pria. Banyak pria pikir pesan itu bagus sekali dan mereka mau orang orang di gereja bisa mendengarkannya. Orang mulai melakukannya dan mempratekkan di setiap area di dalam kehidupan mereka dan mereka mendengar kesaksian yang sangat menakjubkan. Salah satu seorang pebisnis berkata kalau bisnisnya mulai dari nol dan di dalam dua minggu bisnisnya mempunyai keuntungan. Lainnya disembuhkan secara fisik saat mereka mulai memberkati tubuh mereka.

Kesempatan lainnya untuk pesan ini untuk bisa di dengarkan dan mulai terbuka. Saya harus berbicara di perkumpulan acara umum (dimana semua pendeta di gereja bertemu bersama untuk belajar dan mempunyai energi yang baru) di Kenya dan Uganda. Richard menemani saya di perjalanan itu dan kita ambil sessi berkat. Pesan itu menerobos ke dalam hati mereka yang terluka dan kosong. Hampir semua orang disitu tidak pernah di berkati oleh bapak mereka, dan Richard berdiri disitu sebagai seorang bapak dan berkati mereka. Banyak orang yang menangis dan mereka mengalami emosi dan kerohanian yang sudah di lepaskan. Dengan itu perubahan terjadi di dalam kehidupan mereka.

Mengetahui bagaimana memberkati mepunyai dampak dalam kehidupan saya sampai saya mau cari kesempatan untuk memberkati orang lain di dalam perkataan dan tindakan saya. Anda akan menyenangi buku kecil ini dan kalo anda mengaplikasikan itu di dalam hidup anda, perbuahan anda akan berlimpah dan melimpah untuk kerajaan Allah.

Geoff Wiklund
Geoff Wiklund Ministries,
Ketua, Promise Keepers,
Auckland, New Zealand

Tuhan sudah memberkati Richard dengan pewahyuan tentang kekuatan berkata waktu dia melakukan ke orang lain. Saya percaya pewahyuan ini dari Tuhan untuk waktu kita.

Saat Richard menceritakan pesannya ini yang membawa kemurnian sehingga orang bisa tahu tentang kehidupan Richard dan mereka menghubungkan dengan kehidupannya.

Hal ini menyebabkan kami untuk mengundang Richard berbicara di acara penjaga janji pria (Promise Keepers Men's event). Dampaknya sangat kuat dan mengubah hidup banyak orang.

Berkat adalah topik yang disampaikan dan menggerakan hati pria di acara penjaga janji. Waktu itu ada respon positif yang sangat berkesan terhadap berkat pengajaran yang penting ini, misalnya doa berkat, kekuatan dan berbicara yang baik. Banyak pria tidak pernah terima berkat atau berikan berkat ke orang lain. Sesudah mendengar pesan dari Richard dan membaca buku ini, mereka terima kekuatan berkat dan di perlengkapi untuk memberkati orang lain di dalam nama Bapa, Anak dan Roh Kudus.

Saya mengucapkan selamatkepada Richard dan buku ini tentang *Kekuatan yang luar biasa* sebagai cara ampuh untuk melepaskan kebaikan berkat Tuhan dalam keluarga, komunitas dan negara kita.

Paul Subritzky
National Director, Promise Keepers
Auckland, New Zealand

PENDAHULUAN

Semua orang suka mendengar berita yang seru dan lebih baik kalau anda yang menceritakannya!

Saat saya menemukan nilai memberikan berkat, seolah olah saya adalah seorang pria di dalam alkitab yang menemukan harta karun di dalam tanah. Saya sangat antusias berbagi pikiran dan pengalaman dengan pendeta Geoff Wiklund dan dia bertanya kepada saya untuk berbicara ke Pria dari gereja dia di kamp februari 2015. Mereke begitu terkesan dan mereka ingin semua orang gereja bisa mendengarkan pesan itu.

Waktu saya berbicara di gereja yang datang itu adalah Brian France dia adalah pendeta dari pelayanan Kharisma kristen (Charisma Christian Ministries), dan Paul Subritzky, dari Penjaga janji (Promise Keepers) New Zealand. Hasil dari saya berbagi pesan ke Kharisma di New Zealand dan Fiji juga ke para pria dari Penjaga janji. Banyak yang melakukan pesan itu dan segara mulai mempraktekkannya dan hasilnya sangat bagus sekali. Berberapa orang berkomentar bahwa mereka tidak pernah mendengarkan tentang pengajaran aspek dari kerjaan Allah.

Pelayanan tentang berkat tampaknya seperti bola salju. (tidak kah Tuhan mengatakan seseorang yang mempunyai karunia untuk membuat tempat buat Tuhan?) Menjelang akhir tahun 2015 saya menemani pendeta Geoff ke Kenya dan Uganda. Dia melayani seratusan pendeta yang menghadiri pertemuan umum. Ini adalah acara tahunan dimana para delegasi mencari inspirasi dan dukungan dan pak Geoff merasakan kalau pengajaran saya tentang berkat akan membantu mereka. Bukan hanya pendeta saja tapi untuk pembicara dari Amerika, Australia dan Afrika selatan. Saya merasakan itu sebagai pesan yang sangat kuat dan mendorong saya untuk melakukan sesuatu untuk menjangkau target yang lebih besar lagi.

Saya tidak ingin untuk membangun dan memelihara situs web, atau menulis bekerja secara mendalam ketika yang lain sudah ada. Pesan dari berkat ini mudah sekali – mudah untuk melakukannya. saya tidak menginginkan kesederhanaan itu hilang dalam kompleksitas – makna dari buku kecil ini.

Saya telah ambil kutipan dari *Kuasa Berkat* oleh Kerry Kirkwood, *Anugrah melimpah menjadi orang yang di berkati* oleh Roy Godwin dan Dave Roberts, *Berkat Bapa* oleh Frank Hammond, *dan Keajaiban dan kekuatan berkat* oleh Maurice Berquist. Saya yakin saya telah di tarik untuk belajar dari orang lain dan buku lainnya, tapi selama bertahun-tahun itu bisa digabungkan bersama sama.

Menemukan kekuatan berkat bagi siapapun yang membuka cara hidup yang baru dan bertindak atasnya. Saya sekarang banyak memberkati orang baik orang percaya dan orang yang tidak percaya Yesus, di café, restauran, hotel, ruang tunggu dan kadang di jalanan. Saya berkati anak yatim piatu, pekerja di yayasan anak yatim piatu, pramugari, bunga anggrek, binatang, dompet, bisnis, orang yang sakit. Saya pernah mengalami pria dan wanita yang berumur menangis didada saya saat saya menyatakan berkat Bapa atas mereka.

Waktu bicara dengan orang yang tidak percaya Yesus saya menemukan bahwa saya memberkati anda/bisnis anda, pernikahan anda. Tidak terlalu menakutkan dari pada apakah saya bisa berdoa buat anda? Iya kan. Pendekatan ini sangat sederhana yang menyatakan dengan ungkapan perhatian kasih kita ke mereka. Mengarah kesalah satu anggota keluarga yang datang untuk mengenal kasih dan keselamatan Yesus Kristus. Setelah bertahun-tahun berbeda pendapat, saya sering tidak mendapatkan hasil untuk menyaksikannya tapi saya cukup melihat untuk mengetahui berkat itu merubah ke hidupan dan merubah hidup saya juga.

Itu adalah sifat Tuhan memberkati sebagai mahluk menurut gambar-Nya. Itu ada di DNA kerohanian kita juga. Roh kudus menunggu umat Allah untuk melangkah keluar dalam iman dan kekuasaan Yesus Kristus sudah memenangkan bagi mereka untuk mengubah kehidupan.

Saya yakin anda akan temukan buku ini sangat berguna, Yesus tidak membiarkan kita tidak berdaya. Bicara berkat di semua situasi adalah karunia yang diabaikan dimana memiliki potensi untuk mengubah dunia Anda.

Selamat menikmati,
Richard Brunton

BAGIAN SATU:

Kenapa Berkat?

WAWASAN

Istriku beasal dari Kaledonia Baru, artinya saya harus belajar berbicara bahasa Perancis dan menghabiskan waktu di tempat tanah kelahirannya di Noumea. Kaledonia baru mayoritas penduduknya adalah Katolik. Tidak butuh waktu lama bagi saya untuk menyadari bahwa banyak orang mempunyai hubungan dengan dunia kegelapan, sementara mereka juga masih mempraktekkan agamanya. Banyak orang mengunjungi (orang pintar/ dukun) tanpa pengertian yang benar bahwa mereka telah melakukan konsultasi dengan sihir.

Saya ingat istri saya pernah mengajak saya untuk mengunjungi seorang perempuan muda berusia dua puluhan yang pernah dibawa ke salah satu penyembuh (penyihir). Sesudah itu dia di tempat orang yang depresi. Saya mengetahui kalau dia adalah seorang kristen. Saya perintahkan setan didalam dirinya untuk keluar di dalam nama Yesus. Pendeta katolik mendoakan juga, di antara kami berdua dan akhirnya gadis ini bisa di bebaskan dari kuasa jahat.

Orang lain mengenali agama katolik untuk pamerkan patung atau patung yang antik seperti dewa dewa lain. Saya bertemu seorang lelaki dan mempunyai masalah dengan penyakit perut yang tiada henti. Suatu hari saya bicara ke dia, saya percaya kalau anda mau menyingkirkan patung besar Budha yang ada di depan rumahnya itu dan patung Budha di malam hari bercahaya – Masalah dengan perutnya akan sembuh tapi dia harus menyingkirkan patung dan dewa dewa itu. Awalnya ia menolak karena dalam pikirannya bagaimana benda benda yang mati ini bisa membuat dia sakit? Sesudah beberapa bulan saya melihatnya lagi dan saya bertanya bagaimana dengan masalah perutmu? Dia malu malu menjawabnya dan berkata akhirnya saya ambil saran anda untuk membuang patung Budha dan sekarang perut saya tidak ada masalah.

Pada kesempatan lain saya diminta pergi ke rumah perempuan yang sakit kanker. Sebelum saya berdoa di ruang tamunya saya mengusulkan untuk menyingkirkan patung Budha di ruang tamu dan suaminya segera melakukannya. Saya lepaskan kutukan yang ada dalam tubuh dia dalam nama Yesus, saya memerintahkan Roh jahat untuk pergi meninggalkannya.

Dia menceritakan bahwa ada sesuatu yang dingin bergerak dari kaki dan keluar dari kepalanya.

Jadi dengan belakang ini, saya memutuskan untuk memberikan dengan jarah tentang kutukan ia tempat kelompok doa saya dan istri yang mulai di Noume apartment kami. Ajaran ini didasarkan oleh Derek Prince cara tubuh berkerja. Derek Prince adalah seorang guru alkitab yang terkenal di abad kedua puluh sementara saya sedang menyiapkan pesan di Paris saya belajar bahwa kata kata mereka untuk mengutuki adalah "malediction" dan kata mereka untuk berkat adalah "benediction". Arti kata-kata ini dari awal adalah "bicara yang tidak baik" dan "bicara yang baik".

Sebelumnya, ketika saya membandingan kutuk dan berkat, kutuk tampak gelap, berat dan berbahaya, dan berkat tampak cukup ringan dan jinak. Saya pernah mendengar ajaran tentang kutuk sebelumnya; tetapi tidak pernah mendengar ajaran berkat. Saya juga tidak pernah mendengar siapapun memberkati orang lain dengan maksud yang sebenarnya dan mempunyai dampak.

Kenyataannya, sejauh ini seorang kristen mungkin mengatakan anda diberkati kalau ada seseorang yang bersin atau menulis kata berkat di akhir surat atau email. Seolah olah itu hampir kebiasan bukan sesuatu yang di sengaja. Kemudian ketika saya berpikir tentang kata kata ini perkataan yang buruk itu mempunyai kekuatan dan perkataan yang baik dan lebih kuat dan dengan Tuhan lebih kuat lagi.

Revolusi ini, bersamaan dengan wawasan yang lainnya akan kita bicarakan nanti.tuntun saya untuk menemukan jalan di kekuatan berkat.

KEKUATAN KITA BERBICARA

Saya tidak ingin mengulangi apa yang dikatakan banyak buku yang bagus tentang kekuatan kata kata kita, saya mau memberikan ringkasan tentang apa yang saya percaya, ini sangat penting sekali di area ini.

Kita tahu di:

> *Hidup dan mati dikuasai lidah, siapa suka menggemakaanya akan memakan buahnya. (Amsal 18:21)*

Kata kata mengandung kekuatan yang luar biasa baik positif dan konstruktif. Setiap kali kita berbicara kata kata (bahkan menggunakan nada tertentu yang menambahkan makna kata-kata). Kita berbicara hidup atau mati untuk siapa yang mau mendengarkannya dan untuk diri kita sendiri. Lebih lanjut, kita tahu di:

> *Dengan demikian kita harus menjaga hati yang kritis lidah berbicara kritis dari hati yang benar, seorang manusia yang baik akan kelihatan kebaikannya dan seorang yang jahat akan kelihatan kejahatannya (Matius 12:34-35)*

Jadi, dari hati yang kritis berbicara dengan lidah yang kritis; dari hati yang benar, lidah penghakiman; hati yang tidak bersyukur, hati yang mengeluh; dan seterusnya. Sama, hati yang penuh nafsu menanggung buah yang sesuai. Dunia ini penuh dengan orang yang berbicara negative, media menceritakan hari demi hari dan kita tahu bagaimana sifat manusia. Kebiasaan kita tidak bicara ke orang atau ke situasi ini bukan kebiasaan kita, kadangkala kita menunggu seseorang sampai mati dulu sebelum kita berbicara yang baik ke mereka. Namun, harta karun yang baik itu dari hati kita yang akan berbicara dengan lidah yang lemah lembut berasal dari hati yang damai, lidah yang mendamaikan dan seterusnya.

Pernyataan "siapa yang mencintainya akan memakan buahnya." Menyarankan, kita akan menuai apa yang kita tabur. Baik itu bagus atau jelek dengan kata lain anda akan mendapatkan apa yang anda katakan dan apa yang anda pikirkan. Hal ini berlaku untuk semua manusia, apakah mereka kristen atau tidak kristen, semestinya bisa bicara tentang kehidupan.

Contohnya, mungkin mengatakan "anakku laki-laki kamu bisa membangun dan suatu hari kamu bisa menjadi pembangun yang hebat atau arsitek. Bagus sekali."

Namun sebagai orang kristen yang lahir kembali memiliki hati yang baru. Di alkitab tertulis kalau kita adalah "lahir kembali" (2 Korintus 5:17). Oleh karena itu, sebagai seorang Kristen yang harus dilakukan adalah berbicara yang baik dan kurangi perkataan yang buruk. Kita mudah sekali terjerat pikiran yang negatif kalau kita tidak memimpin pikiran kita. Anda akan terkejut seberapa seringnya orang kristen bahkan tanpa mereka sadar mengutuk diri sendiri dan orang lain. Lebih lanjut tentang ini nanti.

BERGERAK DARI BERBICARA BAIK KE BERKAT: PANGGILAN KITA

Sebagai seorang Kristen dengan kehidupan Tuhan Yesus yang mengalir dalam diri kita, kita bisa melebihi sekaer berbicara baik. Kita bisa membagikan berkat atas orang atau situasi dan memang itu panggilan kita untuk melakukannya dan mungkin berkat adalah panggilan besar kita. Baca berikutnya:

> *Dan akhirnya, hendaklah kamu semua seia sekata, seperasaan, mengasihi saudara-saudara, penyayang dan rendah hati, dan janganlah membalas kejahatan dengan kejahatan, atau caci maki dengan caci maki, tetapi sebaliknya, hendaklah kamu memberkati, karena untuk itulah kamu dipanggil, yaitu untuk memperoleh berkat. (1 Petrus 3:8-9)*

Kita di panggil untuk memberkati dan menerima berkat.

Pertama kali Tuhan berbicara kepada Adam dan Hawa adalah berkat lalu Tuhan berkati mereka dan berbicara kepada mereka:

Allah memberkati mereka, lalu Allah berfirman kepada mereka: "Beranakcuculah dan bertambah banyak; penuhilah bumi dan taklukkanlah itu, berkuasalah atas ikan-ikan di laut dan burung-burung di udara dan atas segala binatang yang merayap di bumi." (Kejadian 1:28)

Tuhan berkati mereka supaya mereka bisa berbuah. Berkat adalah atribut Allah dan ini adalah apa yang Ia lakukan seperti tuhan dan dari Tuhan. Kita juga punya kekuasaan dan kekuatan untuk berkati orang lain.

Yesus memberkati. Hal terakhir yang Ia lakukan ketika Ia hendak naik ke Surga yaitu memberkati murid murid Nya.

Lalu Yesus membawa mereka ke luar kota sampai dekat Betania. Di situ Ia mengangkat

> *tangan-Nya dan memberkati mereka. Dan ketika Ia sedang memberkati mereka, Ia berpisah dari mereka dan terangkat ke sorga. (Lukas 24:50-51)*

Yesus adalah teladan kita. Ia berkata bahwa kita harus melakukan sesuatu yang Ia lakukan dalam namaNya. Kita ini di rancang olehTtuhan untuk memberkati.

APA ITU BERKAT KRISTEN?

Di dalam perjanjian lama kata berkat dalam bahasa Ibrani adalah *Barak*. Cara sederhana untuk berbicara tujuan Allah.

Di dalam perjanjian baru kata berkat dalam bahasa Yunani adalah *Eulogy*. Di dalam prakteknya, ini berarti seseorang dituntut untuk berbicara bagus atau berbicara dengan tujuan Allah dan rahmat Tuhan ke seseorang.

Itu adalah definisi dari berkat yang akan saya gunakan untuk buku kecil ini. Berkat adalah untuk berbicara tujuan atau rahmat Tuhan atas seseorang atau dalam berberapa situasi.

Allah untuk sebagian besar dalam ke bijaksanaan Nya telah memutuskan untuk membatasi karyaNya dibumi untuk apa yang dapat Ia capai melalui umatNya.

Ini adalah bagaimana Ia membawa kerajaan Nya ke bumi dan Ia ingin kita untuk memberkati atas nama Nya, lalu sebagai seorang kristen saya dapat berbicara tujuan Allah atau rahmat Nya atas seseorang atau berberapa situasi dalam nama Yesus.

Saya melakukan dengan iman dan kasih, dan saya mempunyai kekuatan dari sorga apa saya katakan dan saya mengharapkan bahwa Tuhan bergerak untuk mengubah keadaan mereka. Seperti yang Tuhan mau inginkan di kehidupan mereka dengan kasih dan iman membangkitkan Allah untuk mengaktifikan rencana untuk orang tersebut.

Di lain pihak, berberapa orang dengan sengaja atau biasanya secara tidak sengaja berbicara tujuan iblis ke atas seseorang atau bahkan dirinya sendiri. Yang kemudian memungkinkan kekuatan jahat untuk mengaktifkan rencana mereka untuk orang itu. Itu adalah untuk mencuri, membunuh dan membinasakankan. Tapi terpujilah Allah.

Kamu berasal dari Allah, anak-anakku, dan kamu telah mengalahkan nabi-nabi palsu itu; sebab Roh yang ada di dalam kamu, lebih besar dari pada roh yang ada di dalam dunia. (1 Yohanes 4:4)

Ini adalah hati Tuhan untuk memberkati yang memang sifat alami keinginan Allah untuk memberkati kita luar biasa dan berlebihan tidak ada yang bisa menghentikannya. Ia bertekad untuk memberkati umat manusia.

Kerinduan Allah adalah Yesus akan memiliki banyak saudara pria dan saudara wanita. Itu adalah kita! Akan tetapi hati Tuhan itu untuk memberkati umat manusia. KeinginanNya adalah semakin banyak umatNya untuk bisa memberkati satu sama lain. Ketika kami memberkati dalam Nama Yesus, Roh kudus datang karena kita mencerminkan sesuatu yang Bapa lakukan. Kita berbicara kata kata yang Bapa inginkan untuk dikatakan. Saya selalu kagum akan kebenaran ini ketika saya memberkati seseorang, Roh kudus ikut terlibat. Roh kudus menyentuh orang lain kasih itu melepaskan keadaan bisa berubah. Sering orang-orang memeluk saya sesudahnya atau mereka menangis dan berkata anda tidak tahu betapa tepat waktu dan yang ampuhnya itu atau kamu tidak tahu berapa banyak saya membutuhkannya.

Tapi disini adalah sesuatu yang sangat penting untuk di perhatikan, kami memberkati dari tempat hubungan yang dekat dengan Allah dari hadiratNya, kedekatan dan kerohanian kami dengan Allah sangat penting. Perkataan kita ialah perkataanNya dan mereka diurapi dengan kuasaNya untuk mencapai tujuan untuk orang itu.

OTORITAS KEROHANIAN KITA

Di dalam perjanjian baru, pendeta bersyafaat bagi orang-orang dan mengucapkan berkat atas mereka.

Berbicaralah kepada Harun dan anak-anaknya: Beginilah harus kamu memberkati orang Israel, katakanlah kepada mereka:

Tuhan memberkati engkau dan melindungi engkau;
Tuhan menyinari engkau dengan wajah-Nya dan memberi engkau kasih karunia;
Tuhan menghadapkan wajah-Nya kepadamu dan memberi engkau damai sejahtera.

Demikianlah harus mereka meletakkan nama-Ku atas orang Israel, maka Aku akan memberkati mereka. (Bilangan 6:23-27)

Di Perjanjian Baru, sebagai orang kristen kita di panggil:

> *Tetapi kamulah bangsa yang terpilih, imamat yang rajani, bangsa yang kudus, umat kepunyaan Allah sendiri, supaya kamu memberitakan perbuatan-perbuatan yang besar dari Dia, yang telah memanggil kamu keluar dari kegelapan kepada terang-Nya yang ajaib: (1 Petrus 2:9)*

Dan Yesus

> *dan yang telah membuat kita menjadi suatu kerajaan, menjadi imam-imam bagi Allah, Bapa-Nya, bagi Dialah kemuliaan dan kuasa sampai selama-lamanya. Amin. (Wahyu 1:6)*

Berberapa waktu yang lalu, saya duduk di Quen Toro, melihat pemandangan di Noumea, dan mencari pesan untuk ke kelompok doa. Saya merasakan Tuhan mengatakan kamu tidak tahu siapa kamu. Berberapa bulan kemudian: Jika kamu tahu otoritas yang kamu memiliki dalam Kristus Yesus, kamu akan mengubah dunia. Kedua pesan ini untuk orang kelompok tertentu tapi saya menyadarinya pesan itu juga buat saya.

Saya pikir itu umumnya di dalam kalangan kristen

berbicara langsung ke penyakit atau kondisi (gunung – Markus 11:23) dan memerintahkan penyembuhan lebih efektif dari pada meminta Tuhan untuk melakukannya (Matius 10:8; Markus 16:17-18) ini tentu saja pengalaman saya dan pengalaman banyak orang lain terkenal dan orang-orang yang dihormati aktif dan sukses dalam pelayanan penyembuhkan dan pembebasan. Saya percaya Yesus bicara di kekuatan, "kamu sembuhkan orang sakit di dalam NamaKu, itu bukan tugas Ku, itu tugas mu kamu yang harus melakukannya."

Tuhan ingin menyembuhkan dan Ia ingin melakukannya melalui kita. Tuhan ingin menyampaikan dan Ia ingin melakukannya melalu kita. Tuhan ingin memberkati dan Ia ingin melakukannya melalu kita. Kita bisa minta Allah memberkati, atau kita bisa memberkati di dalam nama Yesus.

Beberapa tahun yang lalu, saya ingat meluangkan waktu untuk pergi lebih awal untuk bekerja memberkati bisnis saya. Saya mulai dengan "Tuhan memberkati Colmar Brunton" rasanya hambar. Kemudian saya berubah – sedikit malu pada awalnya – dari "Tuhan memberkati Colmar Brunton" ke:

Colmar Brunton saya berkati anda di dalam nama Bapa, anak dan roh kudus.
Saya memberkati anda di Auckland dan saya berkati anda di Wellington dan
saya berkati anda di wilayah anda saya berkati anda di kerjaan dan saya
berkati di rumah. Saya melepaskan kerajaan Allah di tempat ini, datanglah
Roh kudus, Engkau di terima di tempat ini. Saya melepaskan Kasih dan Kedamaian
dan ketenangan dan kesabaran dan kebaikan dan kelembutan dan kesetiaan
dan kontrol diri dan persatuan. Di dalam Nama Yesus, saya melepaskan
ide-ide dari kerajaan Allah yang akan membantu klien kami sukses dan
membuat dunia mejadi tempat yang lebih baik. Saya melepaskan kebaikan di
pasar klien kami. Saya melepaskan kebaikan atas pekerja di tempat bisnis. Saya memberkati visi kami: "Bisnis yang lebih baik, dunia yang lebih baik".
Di dalam nama Yesus, amen!

Saat saya merasa dipimpin, saya akan membuat tanda salib di tempat masuk kami dan kerohanian menerapkan perlindungan darah Yesus atas bisnis kami.

Dari waktu itu saya mengubah dari "Tuhan berkati Colmar Brunton" ke "saya berkati Colmar Brunton di dalam nama Bapa, Anak dan Roh Kudus', Pengurapan Allah turun pada saya dan saya merasakan kesenangan Tuhan dan afirmasi. Seperti Allah berkata, kamu sudah mendapatkannya anakku dan itu yang Aku mau kamu lakukan. Meskipun saya harus lakukan ratusan kali., saya selalu merasa kesenangan Tuhan di dalamnya. Dan hasilnya? Suasana di kantor berubah dan berubah dengan cepat. Ke titik diaman orang akan berbicara terbuka tentang hal itu dan bertanya –tanya mengapa hal-hal itu sangat berbeda itu benar benar menakjubkan! Berkat bisa mengubah dunia.

Tapi saya tidak berhenti sampai disitu, di pagi hari sementara itu kantor masih kosong waktu saya mendatangi kursi seseorang yang membutuhkan hikmat akal budi untuk situasi yang tertentu, saya akan memberkati mereka, menumpangkan tangan ke kursi. Mempercayai bahwa urapan berkat akan melewati ke dalam kain kursi dan bisa mencapai orang duduk disitu (Kisah para rasul 19:21). Saat saya tahu seseorang mempunyai masalah dalam hidupnya saya akan memberkatinya.

Saya mengingat seorang yang terbiasa menghujat dan dia mengunakan nama Tuhan sebagai sumpah serapah. Suatu pagi saya menumpangkan tangan pada kursinya mengikat roh penghujat di dalam nama Yesus, butuh waktu beberapa kali tetapi akhirnya roh jahat dibelakang itu harus bertekuk lutut ke kuasa yang lebih besar dan perkataan yang menghujat dari pria di tempat kerja itu akhirnya hilang.

Saya juga ingat pria itu datang untuk di doakan, dia mau Tuhan mengeluarkan dia dari tempat kerja karena semua orang disana penghujat. Saya mengambil pemandangan yang sebaliknya: orang ini disana untuk memberkati tempat kerjanya dan mengubah suasana! Kita bisa mengubah dunia kita.

Saya telah membentuk pemandangan keinginan Tuhan untuk memberkati umat manusia, keinginanNya bahkan lebih untuk kita – umatNya, anak-anakNya – untuk memberkati umatNya. Anda mempunyai kuasa rohani. Anda di berkati!

Bapa kita di Surga mau kita untuk berpartisipasi dan bekerja bersama dengan Nya dalam karya penebusanNya. Kita bisa memberkati umat manusia dengan penyembuhan dan pembebasan tetapi kita juga bisa memberkati umat manusia dengan kata kata kita. Kita adalah orang yang Tuhan pakai untuk memberkati dunia, itu adalah keistimewaan dan tanggung jawab kita!

Bagi saya berkat adalah berbicara rencana Tuhan atas kehidupan orang atau situasi dengan kasih, mata terbuka, sengaja dengan kuasa, dan kekuatan Roh Kudus dan kita dipenuhi Roh. Secara sederhana berkat bertindak dalam iman untuk menyatakan tujuan Tuhan untuk orang atau situasinya. Ketika kita menyatakan tujuan Tuhan, kita melepaskan kemampuan untuk mengubah sesuatu dari keadaannya dan apa yang Tuhan inginkan.

Dan ingat, kita di berkati karena kita memberkati (kita berbahagia karena kita memberkati).

BAGIAN DUA:
Bagaimana Kita Melakukannya

BERBERAPA PRINSIP PENTING

Membuat mulut bersih gaya hidup

Dari mulut yang satu keluar berkat dan kutuk. Hal ini, saudara-saudaraku, tidak boleh demikian terjadi. (Yakobus 3:10)

Dan jika engkau mengucapkan apa yang berharga dan tidak hina, maka engkau akan menjadi penyambung lidah bagi-Ku. Biarpun mereka akan kembali kepadamu, namun engkau tidak perlu kembali kepada mereka. (Yeremia 15:19b)

Kalau anda mau bicara untuk umat Tuhan atas orang maka anda perlu untuk menghindari berbicara kata-kata yang tidak berharga – atau lebih dari tidak berharga.

Minta Roh Kudus berbicara apa

Membangkitkan semangat anda (melalui pujian atau berbicara dalam bahasa Roh). Meminta Roh Kudus untuk membiarkan anda merasakan Kasih Bapa untuk orang yang mau anda berkati, berdoa seperti ini:

> *Bapa apa yang kau inginkan untuk dikatakan? Tolong berikan kepada saya kata-kata berkat untuk orang ini. Bagaimana saya bisa memberi semangat atau menghibur dia?*

Berkat yang berbeda dari perantaraan

Kebanyakan orang menemukan bahwa sulit untuk belajar berbicara tentang Berkat. Mereka mulai untuk bersyafaat bertanya kepada Tuhan untuk memberkati. Meskipun ini hal yang baik untuk melakukan, Berkat yang di ucapkan dengan cara ini sebenarnya adalah sebuah doa, dan hal ini penting sekali untuk mengetahui perbedaannya. Berbicara atau mengucapkan Berkat tidak menggantikan doa dan syafaat, tapi mereka harus menemukan secara teratur bersama sama.

Penulis Roy Godwin dan Dave Roberts di dalam buku mereka *Pencurahan Kasih Karunia* ini menjelaskan dengan sangat baik:

> *Ketika kita memberkati, kita lihat orang di matanya (jika itu situasinya) Dan langsung bicara ke mereka, misalnya: "saya memberkati anda di dalam nama Allah, bahwa kasih karunia Tuhan Yesus di atas hidup anda. Saya berkati di dalam namaNya, cinta kasih Bapa akan mengeliling anda dan mengisi hidupmu. Yang mungkin anda tahu dalamnya dan sepenuhnya bagaimana Allah menerima anda dan bersukacita atas anda."*

> *Perhatikan kata pribadi "saya". Itu adalah saya yang mengucapkan Berkat di dalam Nama Yesus langsung ke orang itu. Saya tidak berdoa kepada Tuhan untuk berkat. Tetapi saya berbicara berkat dengan menggunakan Kuasa Yesus yang sudah berika nkepada kita untuk mengucapkan berkat ke pada orang lain, lalu Yesus akan datang dan berkati mereka.*

Jangan menghakimi

Jangan menghakimi apakah seseorang layak diberkati atau tidak. Berkat sejati diucapkan atas seseorang atau sesuatu, menjelaskan bagaimana Tuhan melihat mereka. Fokus Tuhan tidak melihat keadaan seseorang sekarang tapi Tuhan akan melihat apa yang Tuhan inginkan dalam hidup mereka nantinya.

Contohnya: Tuhan panggil Gideon *"manusia yang gagah perkasa"* (hakim hakim 6:12) ketika pada waktu itu dia bukannya siapa siapa tetapi Yesus memanggil Petrus *"batu karang"* (Matius 16:18) sebelumnya dia tidak punya kekuatan_untuk membawa orang lain kepadanya. Lebih lanjut kita baca *"Tuhan.... kasih kehidupan ke orang mati dan memanggil hal hal yang tidak ada yang terpikir mereka lakukan"* (Roma 4:17). Jika kita mengerti ini, akan menghilangkan kecenderungan kita untuk bertindak sebagai "hakim" apakah seseorang layak menerima berkat.

Orang orang yang kurang layak *menerima* berkat, mereka lebih membutuhkannya sedang orang yang memberkati orang yang tidak layak, menerima kembali berkat terbesar.

Contoh untuk menggambarkan

Membayangkan ada seorang pria bernama Fred yang mempunyai masalah minum alkohol. Istri Fred tidak suka dia minum alkohol kemungkinan dia akan berdoa seperti ini: "Tuhan berkati Fred buat Fred untuk meninggalkan alkohol dan dengarkan perkataan ku." Tapi itu akan jauh lebih berkuasa untuk bicara seperti ini:

Fred, saya berkati kamu di dalam nama Yesus. Rencana Tuhan untuk hidup anda akan berhasil, anda akan menjadi lelaki, suami dan ayak bahwa tujuan Allah menjadikan apa yang Allah mau dalam hidupmu. Sata memberkati anda bebas dari kecanduanmu, saya memberkati anda dengan kedamaian Kristus.

Doa Berkat yang pertama mendelegasikan masalah kepada Tuhan. Itu tidak perlu upaya, itu malas. Itu juga menghakimi dan senang akan diri sendiri, dan juga fokus ke dosa Fred.

Doa Berkat yang kedua memerlukan pemikiran dan mengasih. Itu tidak menghakimi dan berfokus kepada potensi Fred dari pada keadaanya. Baru ini saya mendengar seseorang berkata bahwa iblis tahu nama dan potensi kita tapi dia memanggil kita oleh dosa kita, tapi kalau Tuhan tahu dosa kita tetapi dia masih memanggil kita oleh nama asli dan potensi kita. Berkat kedua lebih sesuai dengan rencana dan tujuan Allah. Itu mencerminkan hati penebusan Tuhan. Ingat, Tuhan mengasihi Fred.

SITUASI YANG BERBEDA YANG KITA MENGHADAPI

Saya adalah murid yang diberkati. Ketika saya mulai, saya tidak tahu bagaimana untuk memberkati dan saya tidak menemukan banyak hal untuk bisa menolong saya. Saya cukup cepat mulai menyadari banyak situasi yang berbeda, jadi saya ingin menawarkan saran yang bisa di ikuti. Anda dapat menyesuaikan untuk kebutuhan situasi tertentu anda dan menurut apa yang anda percayai. Roh Kudus mau anda berbicara akan hal ini dan membutuhkan latihan, tetapi ini sangat berharga.

Berkati mereka yang mencaci atau mengutuk anda
Berberapa tahun yang lalu, seorang karyawan yang baru saja berhenti dari pekerjaannya datang ke rumah saya dan mengucapkan selamat tinggal. Dia percaya gerakan zaman baru (new age movement). Selama percakapan, dia mengatakan bahwa dua

perusahaan yang dulu pernah dia bekerja dan dia pergi meninggalkan pekerjaan itu tidak lama kemudian bangkrut. Saya belum Kristen lama waktu itu tapi saya mengenali kata-katanya adalah kutukan yang menyeramkan dan menakutkan. Saya merasakan berberapa menit ketakutan dan kemudian di dalam pikiran saya menolak untuk menerimanya. Tetapi saya tidak pergi untuk memberkati dia. Setelah saya meminta izin dia untuk berdoa akan apa yang ada di hatiku. Saya bisa mengatakan sesunatu seperti:

Deborah (bukan nama aslinya) saya mengikat pengaruh sihir dalam hidupmu. Saya berkati di dalam nama Yesus, saya menyatakan kebaikan Allah atasmu. Kiranya tujuan Tuhan akan datang dalam hidupmu. Saya memberkati talentamu, kiranya mereka memberkati masa depan atasanmu dan membawa kemuliaan bagi Allah. Kiranya engkau menjadi wanita yang indah di mata Allah dan apa yang Tuhan inginkan terjadi atasmu. Di dalam Nama Yesus.

Berkati mereka yang melukai atau menolak anda

Saya pernah berdoa untuk seorang wanita yang mempunyai masalah emosi dan keuangan karna suaminya meninggalkannya. Saya bertanya ke dia kalau di bisa memaafkan suaminya, hal itu sulit sekali tapi dia bisa melakukannya. Lalu saya bertanya kepadanya apakah dia bisa memberkati suaminya, dia terkejut tapi dia bersedia untuk mencobanya meskipun suaminya tidak hadir, saya memimpin dia kata-kata seperti ini:

Saya memberkatimu, suamiku. Kiranya rencana Allah dalam hidupmu dan pernikahan kita membawa hasil. Kiranya engkau menjadi seorang pria, seorang suami dan ayah yang Tuhan inginkan. Kiranya kasih karunia dan kebaikan Allah menyertaimu, di dalam nama Yesus. Amen.

Itu aneh sekali untuk memulainya tapi kemudian dia bisa tangkap hati Bapa dan pengurapan Tuhan turun. Kami berdua menangis waktu hadirat Roh kudus keatasnya dan saya percaya, ke suaminya juga. Jalan Tuhan bukan jalan kita.

Untuk memberkati dalam jenis situasi adalah keberanian – kebesaran, bahkan – dan seperti Kristus.

Tuhan berkati orang yang tidak layak itu adalah hatinya Tuhan. Spesialisasinya Tuhan, untuk berbicara. Membayangkan Seorang pencuri yang disalibkan bersama Yesus, atau seorang perempuan tertangkap dalam perzinahan. Bagaimana anda dan saya?

Berkat adalah duniawi – ini bukan sesuatu yang orang orang dalam situasi yang menyakitkan untuk melakukannya. Tetapi ini cara Tuhan dan dapat menyembuhkan yang melakukan. Pemberkatan dan yang menerima berkat juga. Memutuskan racun kepahitan balas dendam, kebencian dan kemarahan yang mungkin membahayakan tubuh anda dan memperpendek umur anda.

Berikut ini adalah email, saya baru saya dapat dari Denis.

> *Sekitar tiga bulan yang lalu saya berbicara dengan saudara laki laki saya di telpon. Kita tidak berkomunikasi bayak karena dia tinggal di kota lain.*

Saat kami hendak menyelesaikan obrolan kami yang hangat. Saya bertanya kepada dia kalau dia mengijinkan saya untuk memberkati bisnis yang dia kerjakan bersama dengan istrinya. Dia tidak merespon dengan baik, sikapnya tidak sopan dan membuat saya kesal dan saya berpikir hubungan saya hancur selama nya namun dari hari-hari dan minggu berikutnya, saat saya melakukan rutinitas sehari-hari saya menggunakan prinsip untuk berbicara kebaikan Tuhan ke bisnis saudara pria saya. Kadang saya melakukan dua atau tiga kali dalam sehari. Tiga bulan kemudian sehari sebelum natal, saudara laki-laki saya menelpon saya seolah-olah diantara kami tidak terjadi apa apa saya cukup kagum pada sikapnya yang sangat ramah dan tidak ada kebencian di antara kita sama sekali yang menakjubkan.

Kekuatan berkat bekerja di luar kendali kita dan benar benar berkerja. Terpujilah Tuhan!

Berkati orang yang telah melantarkan anda

Salah satu hal yang paling menyebalkan adalah ketika orang melakukan keegoisan, tidak memperhatikan atau memotong jalan waktu kita di jalanan dan lagi macet itu terjadi terus-menerus. Perkataan bukan Kristen (perkataan yang buruk) bisa datang cepat dari pikiran kita dan mulut kita. Kalau itu terjadi kita mengutuki seseorang yang dibuat oleh Tuhan dan Tuhan mengasihi dia Tuhan akan membela orang itu.

Lain kali ini terjadi, coba berkati pengendara lain dari pada berbicara kata kata marah.

Saya berkati laki-laki muda yang memotong saya (memperdayai di antrian) saya menyatakan cinta Mu atas dia, Tuhan. Saya melepaskan kebaikanMu atas dirinya dan semua rencanaMu untuk kehidupannya. Saya berkati laki-laki muda dan memanggil potensinya. Kiranya dia pulang dengan aman dan menjadi berkat buat keluarganya, di dalam Nama Yesus. Amen.

Atau kurang lebih:

Bapa, saya memberkati pengemudi mobil itu, di dalam Nama Yesus kiranya cintaMu bisa mengejar, memburu dan menangkapnya.

Salah satu pembaca saya membuat pengamatan menarik:

Satu hal saya perhatikan adalah berkat telah merubah saya. Saya tidak bisa memberkati orang orang yang membuat saya kesal. Contohnya: dan kemudian berbicara atau bahkan berpikir – pemikiran yang salah tentang mereka itu akan salah. Tapi saya mencari hasil yang baik datang dari berkat. – Jillian

Saya pernah punya teman bernama John yang mengundang saya untuk berdoa atas perselisihan keluarga mengenai warisan dan sengketa itu membuat semakin tidak menyenangkan.

Saya mengatakan dari pada berdoa lebih baik kami memberkati situasi. Kami memberkati situasi sengketa ini atas warisan ini di dalam nama Yesus. Kami datang melawan divisi pertengkaran

> *dan perselisihan dan kita kehilangan keadilan dan perdamaian. Kami memberkati situasi ini dan kita mengesampingkan pikiran kita sendiri serta keinginan dan Tuhan melepaskan untuk mengaktifkan tujuannya untuk pembagian warisan di dalam nama Yesus. Amen.*

Dalam beberapa hari masalah ini diselesaikan secara damai.

Saya suka apa yang orang pembaca buku saya katakan:

> *Saya telah terkejut oleh waktu "respon yang cepat" yang telah saya lihat dalam memberkati orang lain. Jika seolah-olah Tuhan siap untuk mencampuri cinta kepada orang-orang jika kita mau, kalau kita mau lepaskan doa berkat kepada mereka. – Pendeta Darin Olson, Junction City, gereja Oregon Nazarene.*

BERKAT BUKANNYA MENGUTUK DIRI SENDIRI

Mengenali dan mematahkan kutukan
Seberapa terbiasa pikiran ini: "saya jelek, saya bodoh, canggung, dan tidak ada orang yang suka saya, Tuhan tidak mau pakai saya, saya berdosa…"? Banyak kebohongan dari setan yang menyebabkan kita menjadi percaya.

Saya mempunyai seorang teman yang melakukan ini setiap saat dan membuat saya sedih, "oh engkau gadis yang bodoh, Rose (bukan nama sebenarnya) kau telah mengacaukan semuanya lagi. Kau tidak bisa melakukan apapun dengan benar."

Jangan ulangi atau menerima kutukan ini sebaliknya berkati dirimu sendiri.

Saya teringat akan sebuah kelompok doa dan saya melihat roh yang tidak berharga atas wanita yang minta didoakan itu. Di dalam doa, dia berbicara "saya bodoh" saya bertanya dimana anda dengar perkataan itu? Dia bicara orang tua nya bicara atas dia. Betapa menyedihkan dan itu seperti biasa...

Saya bimbing dia sepanjang jalur ini:

> Di dalam Nama Yesus, aku mengamouni orang tuaku dan aku mengampuni diriku sendiri. Aku memutuskan dan membatalkan perkataan orang tuaku yang telah diucapkan atasku. Aku mempunyai pikiran Kristus, aku adalah orang pintar.

Kami menentang supaya di hentikan roh penolakan yang tidak berharga dan kemudian saya memberkati Rose dan menyatakan atasnya bahwa ia adalah putri Tuhan dan bahwa ia berharga dimata Tuhan dan Tuhan mau memakai dia untuk memberkati orang lain untuk membawa penyembuhan emosi dan harapan kepada orang lain. Saya memberkatinya dengan keberanian.

Perlahan-lahan Rose menyerap berkat ini dan ia

mulai bersinar menceritakan minggu minggu berikutnya bahwa ia menceritakan betapa banyak hal yang bagus yang dilakukannya. Kita benar benar dapat mengubah dunia kita.

Siapakah yang dapat melakukan hal ini? Siapa saja bisa lakukan ini. Alkitab adalah penuh rencana Tuhan untuk orang-orang dan kita bisa menyatakan rencana ini atas mereka.

Saya ingin berbagi contoh lain, ketika saya berdoa untuk seorang wanita dan saya berdoa supaya Roh Tuhan turun pada dirinya, dia tiba tiba terjatuh dan iblisnya keluar dari dirinya dan semuanya berjalan baik untuk beberapa hari kemudian namun rasa sakit itu kembali lagi. "Kenapa Tuhan?" ia bertanya dan ia merasakan Roh kudus mengingatkan bahwa beberapa waktu sebelumnya ketika dia berada di camp seseorang pernah berbicara ke dia bila ia memasak ayam, ia harus pastikan masakannya benar benar matang kalau tidak, orang-orang akan sakit. Dia menjawab bahwa dia tidak ingin sakit selama beberapa hari (lamanya waktu konteransi) setelah itu ia tidak perduli dan ia telah mematahkan kuasa kata sembarangan dan secepatnya dia alami penyembuhan kembali.

Berkati mulut seseorang

Saya memberkati mulut saya untuk mengucapkan apa yang berharga dan apa yang tidak berharga dan menjadi mulut Tuhan (berdasarkan di Yeremia 15:19)

Banyak mujizat Yesus yang telah dicapai hanya dengan berbicara. Contohnya, *"Pergilah, anak mu hidup!"* (Yohanes 4:50). Saya mau itu. Makanya kenapa saya memberkati mulutku dan menjaga perkataan ku yang keluar.

Saya dan istri pernah sekali tinggal di hotel Noumea dan kami mendengar seorang bayi menangis hampir tanpa henti di sepanjang malam. Setelah beberapa malam istri saya keluar dan bertanya ke ibu bayi tersebut ada apa dengan bayi itu. Wanita itu tidak tahu tapi dia bicara bahwa dokter telah memberikan antibiotik yang ketiga kalinya tetapi tidak berfungsi.

Istri saya bertanya kepada wanita itu apakah saya bisa berdoa untuk bayinya dan dia setuju, meskipun kelihatannya ia ragu-ragu. Lalu saya berdoa untuk bayi itu dan berbicara iman atas anak itu supaya bayi perempuan ini bisa tidur seperti seorang bayi akhirnya dia bisa.

Berkati pikiran seseorang
Saya sering berkata:

> *Aku berkati pirkiranku, aku mempunyai pikiran Kristus. Oleh karena itu aku berpikir dengan pikiran Tuhan, kiranya pikiranku menjadi tempat Kudus yang mana Roh Kudus senang untuk tinggal dan kiranya bisa menerima kata kata pengetahuan dan pewahyuan dari waktu ke waktu.*

Saya berjuang dengan kemurnian pikiran dan saya, menemukan bahwa hal ini bisa membantu. Saya juga berkati imajinasi saya bahwa hal itu dapat digunakan untuk yang baik dan bukan yang jahat, lantas beberapa hari yang lalu saya mengalami kesulitan dengan imajinasi saya yang berkelana ke segala macam tempat yang saya tidak mau pergi dan Tuhan bicara ke saya, lihat di dalam imijinasi mu yesus melakukan mujizat. Lalu kamu bisa lakukan buat mereka.

Saya telah menemukan itu lebih efektif untuk bisa memikirkan sesuatu yang bagus (Filipi 4:8) lebih baik anda berpikir sesuatu yang bagus daripada berpikir sesuatu yang buruk. Dan ini sangat membantu dalam mencapai tujuan kekudusan ketika saya merasa kecewa tentang kegagalan di dalam pikiranku, hidupku. Kata-kata dari lagu pujian yang lama teringat di hatiku:

Jadilah penglihatanku, O Tuhan. Hatiku tidak ada yang lain bagiku kecuali bahwa Engkaulah, Engkau pikiranku yang terbaik pada siang atau malam, saat terbangun atau tidur, kehadiranMu cahayaku.

Berkati tubuh kita

Apakah anda akrab dengan ayat *"hati yang senang melakukan hal yang baik"* seperti obat (Amsal 17:22) alkitab berkata bahwa tubuh kita menanggapi kata-kata positif dan pikiran.

> *Aku memberkati tubuhku. Hari ini aku mematahkan kelemahan diriku sendiri. Aku memberkati kesejahteraan tubuh jasmaniku.*

Saya pernah melihat video tentang seorang pria yang memiliki masalah jantung yang sangat serius, jantungnya yang telah di bypass sebelumnya kembali tertutup lalu ia memberkati arterinya selama tiga bulan menyatakan ke mereka bahwa mereka ciptaan yang luar biasa Sekembalinya dari dokter ditemukan bahwa ia mempunyai keajaiban jantung bypass yang baru! Saya pikir saya akan mencoba ini untuk kulit saya. Saya mempunyai masalah dengan kerusakan kulit akibat sinar matahari dari masa muda, sekarang dalam usia lanjut, ada di luar tubuhku pertumbuhan kecil di bahu ku. Saya memutuskan memberkati kulit saya dan pada awalnya saya hanya memberkati itu di dalam nama Yesus.

Tapi kemudian saya membaca sesuatu tentang sifat kulit yang mengubah cara pandang saya. Saya menyadari bahwa meskipun saya mempunyai penyakit kulit, saya tidak tahu tentang organ yang terbesar di tubuh saya. saya telah berbicara tentang hal itu, tapi saya tidak berbicara ke tubuh saya dan saya yakin saya telah mengatakan sesuatu yang baik tentang hal itu. Sebaliknya saya mengeluh, saya tidak tahu berterima kasih tetapi kulit kita ini menakjubkan. Seperti AC dan sistem sanitasi. Itu perlindungan tubuh dari kuman yang menyerang dan itu menyembuhkannya sendiri. Ini menutup dan melindungi semua bagian dalam tubuh kita dengan begitu indahnya.

Terima kasih Tuhan untuk kulit – keriput dan semua. Berkati anda, kulit.

Setelah beberapa bulan, jenis berkat ini, kulit saya sekarang hampir disembuhkan tapi kuncinya kapan saya mulai untuk menghargai dan berterimah kasih untuk itu. Ini adalah kekuatan dan indah dan menjadi pelajaran yang nyata. Kalau kita mengeluh kerajaan Allah jauh dari kita: kalau kita bersyukur menarik kerajaan Allah.

Ini adalah kesaksian dari teman saya, David Goodman.

Berberapa bulan yang lalu saya dengar Richard berkotbah tentang tema berkat. Tapi satu yang menarik itu adalah berkat dan dari mana berkat itu berasal. Hasilnya adalah bahwa berkat tidak perlu sesuatu yang kita minta Tuhan tetapi bahwa kita sebagai orang kristen memiliki kewenangan dan tanggung jawab untuk mengambil ke dunia yang fana ini dan sebagai duta besar Kristus kita membuat dampak pada kehidupan orang lain untuk kerajaan Allah. Kita bisa keluar dan memberkati mereka dengan mengucapkan Kristus kepada mereka pada waktu yang sama.

Idenya bagus ketika kita memikirkan orang lain. Tetapi ide ini menurut saya seperti menghantam dinding batu ketika saya harus memikirkan berkat buat saya sendiri. Saya tidak bisa sendiri saya tidak bisa mengesampingkan gagasan bahwa saya tidak layak bahwa saya masih egois.

Ide saya berubah ketika saya melihat saya dan saudara, sebagai orang kristen adalah ciptaan baru, lahir baru dan dibuat untuk tujuan Allah yang merencanakan untuk kita. Bahwa menjadi tubuh kita miliki sekarang adalah salah satu yang kita harus hargai dan pelihara. Kita sekarang adalah tempat untuk roh kudus bersemayam di dalam kehidupan kita.

Saya mulai mencoba dalam waktu yang singkat, setiap hari saya bangun lalu saya akan berkati dan mengucapkan syukur terpujilah untuk pekerjaan yang di lakukan dengan baik. Saya akan memuji tangan saya untuk kemampuan mereka, untuk ketrampilan mereka memiliki atas semua tugas yang di perlukan dari mereka dan lebih banyak lagi. Saya akan memuji dan berterima kasih kepada kakiku untuk pekerjaan yang tidak kenal lelah dalam transportasi dan kecepatan.

Untuk kemampuan mereka untuk bekerja bersama-sama, saya memuji tubuh saya untuk semua bagian yang bekerja sama dengan baik da nada satu hal yang aneh keluar dari ini,

Karena saya merasa jauh lebih baik secara fisik dan mental, saya berubah pikiran untuk rasa sakit yang saya miliki selama beberapa bulan di lengan saya yang bawah rasa sakit yang tampaknya di tulang dan di perlukan untuk di gosok secara teratur setidaknnya meringankan sebagian sakitnya. Saya terfokus pada area ini memuji tubuh saya untuk kemampuan penyembuhan dengan kegigihan untuk mengatasi hal-hal yang sukar menyerang di tubuh saya.

Hanya sekitar tiga minggu kemudian saya terbangun suatu pagi dan menyadari tidak lagi merasa sakit di lengan saya, sakit itu telah sepenuhnya menghilang dan tidak kembali.

Saya menyadari bahwa sementara pasti ada waktu dan tempat untuk karunia penyembuhan akan di laksanakan melalui iman untuk kepentingan orang lain. Ada juga jalan lain yang terbuka bagi kita sebagai individu untuk partisipasi dengan karunia penyembuhan di dalam diri kita. Ini adalah pelajaran dalam kerendahan hati. Bahwa kita bisa mempercayai apa yang

Tuhan telah berikan kepada kita, tubuh yang baru bahwa kita bisa maju ke depan dalam keyakinan dan mempunyai kehidupan yang baru.

Berkati rumah serta pernikahan dan anak-anak anda

Rumah anda, berkat khusus rumah anda
Ini adalah ide yang baik untuk memberkati rumah anda dan memperbaharui berkat itu setidaknya setahun sekali. Berkati tempat tinggal anda dengan hanya melibatkan kuasa rohani anda dalam Kristus Yesus untuk mendedikasikan dan menguduskan tempat itu kepada Tuhan. Yaitu mengundang Roh Kudus datang, dan menarikkan semua hal hal yang bukan berasal dari Tuhan.

Rumah tidak hanya batu bata dan mortar namun memiliki kepribadian yang sama seperti anda mempunyai akses rumah anda sekarang Orang lain juga mempunyai kekuasaan akses juga, atau properti sebelum anda. Hal-hal yang mungkin telah terjadi di tempat itu yang membawa salah satu berkat atau kutuk. Tidak perduli apa yang sudah terjadi ini adalah kekuasan anda yang akan menentukan apa yang akan menjadi suasana rohani dari sekarang. Jika ada aktivitas setan yang masih berlangsung dari pemilik yang lalu maka anda akan merasakan itu dan ini terserah kepada anda untuk memaksa kekuatan ini keluar.

Tentu saja anda harus mempertimbangkannya, kekuatan jahat ini dan tanpa sadar anda mungkin memberikan akses untuk kerumah anda sendiri. Apakah anda mempunyai lukisan atau patung yang menyimpang? buku, musik atau DVD yang tidak kudus? TV Program apa yang anda perbolehkan untuk bisa di tonton? Apakah masih ada dosa di rumah anda?

Disini adalah berkat yang sederhana disaat anda sedang berjalan di rumah anda dan terus kamar yang lainnya.

> *Saya berkati rumah ini, rumah kami, saya menyatakan rumah ini kepunyaan Tuhan, saya mentahbiskan kepada Tuhan dan tempat ini di*

bawah kekuasaan Allah, yaitu Yesus Kristus. Ini adalah rumah berkat.

Saya mematahkan semua kutukan di rumah ini dengan darah Yesus. saya mengambil otoritas atas setiap setan di dalam Nama Yesus dan saya perintahkan mereka untuk meninggalkan rumah ini sekarang dan tidak akan kembali lagi. Saya mengusir semua roh perselisihan, perpecahan dan permusuhan. Saya mengusir keluar roh kemiskinan.

Datanglah Roh kudus dan usir semua segala sesuatu yang bukan dari Mu. Penuhi rumah ini dengan hadirat Mu dan biarkan buah Mu datang yaitu Kasih, Sukacita, Damai Sejahtera, Kesabaran, Kemurahan, Kebaikan, Kesetiaan, Kelemahlembutan dan Penguasaan diri. Saya memberkati rumah ini dengan damai sejahtera yang luar biasa dan kasih yang berlimpah. Kiranya semua orang yang datang disini merasakan kehadiranMu dan di berkati di dalam Nama Yesus, Amen.

Saya sudah berjalan disekitar batas properti saya. Berkati semua itu dan dengan kerohanian serta menetapkan darah Yesus Kristus untuk melindungi properti dan orang-orang di dalamnya, dari setiap kejahatan dan bencana alam.

Perkawinan anda

Kita memiliki jenis pernikahan yang kita berkati atau kita memiliki jenis pernikahan kutukan.

Ketika saya pertama kali membaca pernyataan ini di dalam *Kuasa Berkat* oleh Kerry Kirkwood, saya sedikit terkejut, apakah ini benar?

Saya telah diberi banyak pemikiran dan saya percaya bahwa kata kata ini sebagian besar benar bahwa ketidak bahagiaan dalam pernikahan atau anak-anak kita karena kita tidak memberkati mereka dengan berkat, kita menerima kebaikan Allah dalam ukuran yang penuh yang termasuk kehidupan anda yang lama dan hubungan yang sehat. Kita ambil bagian atau mitra kerja, dengan apa dan dengan siapa kita memberkati.

Hati hati dengan kutukan, Suami dan istri saling mengenal dengan baik, kita tahu semua tentang pasangan kita. Apakah kamu berbicara seperti ini? Apakah hal hal semacam ini pernah kamu katakan? Kamu tidak pernah dengarkan "ingatkan kamu mengerikan, kamu tidak bisa memasak" "Kamu tidak berguna di…" kalau cukup sering mengatakan, kata kata itu menjadi kutuk dan menjadi nyata.

Jangan mengutuk, *Berkati!* Ingat jika mau mengutuk (bicara kata-kata kematian) anda tidak akan mewarisi berkat yang Tuhan inginkan untuk anda. Lebih buruk dari itu, mengutuk akan mempengaruhi kita lebih dari (more than the one we may be cursing) mungkin salah satu alasan mengapa doa doa kita tidak di jawab? Belajar untuk memberkati seperti belajar bahasa baru – pada awalnya aneh. Contohnya:

Nicole, saya berkati kamu di dalam nama Bapa, Anak dan Roh Kudus. Saya melepaskan kebaikan Tuhan atas mu, kiranya rencana Tuhan didalam hidupmu datang dan berhasil.

Saya melepaskan berkat kasih karunia untuk bertemu dan mengasihi orang lain dengan kasih karunia keramahan, saya berkati dengan kasih karunia kepada orang-orang supaya merasa nyaman didekatmu. Saya menyatakan kamu adalah nyonya rumah Tuhan. Kamu terima orang lain seperti Tuhan juga terima mereka. Saya memberkatimu dengan kekuatan di tahun tahun kedepan, saya berkati kamu dengan kesehatan dan panjang umur. Saya berkati kamu dengan minyak sukacita.

Anak anak anda

Ada banyak cara untuk memberkati anak. Berikut ini adalah bagaimana saya memberkati cucu saya, yang berumur empat tahun:

Saya berkati hidupmu, Ashley. Kiranya kamu menjadi wanita Tuhan yang menarik, saya Berkati pikiranmu untuk mengingat suara dan kamu untuk memiliki hikmat dan kearifan dalam mengambil semua keputusan. Saya berkati tubuhmu untuk tetap murni sampai menikah dan menjadi sehat dan kuat. Saya

> *berkati tangan dan kaki mu untuk melakukan pekerjaan yang Tuhan rencanakan untukmu dilakukan. Saya berkati mulutmu, kiranya kau berbicara dengan perkataan yang benar dan memberi semangat, saya berkati hatimu supaya benar dihadapan Allah. Saya memberkati suamimu dan anak anak masa depanmu untuk hidup dengan kekayaan dan persatuan. Saya mencintai semua tentang kamu Ashley, dan saya bangga menjadi kakekmu.*

Tentu saja, dimana anak punya kelemahan di area tertentu kita bisa berkati mereka dengan tepat kalau mereka temukan kesulitan belajar di sekolah, kita bisa berkati pikirannya untuk bisa ingat pelajaran dan untuk mengerti konsep di belakang pengajaran jika mereka di olok olok, kita bisa berkati mereka supaya bertumbuh hikmat dan karakter serta di dalam kebaikan Tuhan dan anak anak lain dan sebagainya.

Saya ingat berbicara cukup menarik dengan seorang wanita yang sudah didalam Tuhan tentang cucu laki lakinya, ia terus bicara negative tentang cucunya, kesalahan kesalahannya, sikap pemberontakannya dan perbuatan bermasalah yang cucunya lakukan di sekolahnya lalu ia di kirim ke kamp untuk bisa membantu agar ia menjadi benar kelakuannya namun ia kemudian dikirim pulang kerumahnya karena ia begitu mengganggu yang lainnya saat berada disana.

Setelah mendengarkan lantas saya menyatakan kepada wanita itu bahwa ia secara tidak sengaja mengutuki cucunya melalui caranya berbicara dan ia telah memenjarakannya dengan kata katanya, kemudian ia berhenti bicara negatif dan sebaliknya ia dengan sengaja memberkati cucunya. Dalam hitungan hari anak laki-laki ini benar benar berubah. Anak itu kembali lagi ke perkemahan dan berubah sangat drastis, wow ini berkat yang luar biasa yang cepat.

Salah satu hal yang paling luar biasa yang Bapa dapat berikan kepada anak-anakNya adalah Berkat. Seorang bapa, saya belajar *Berkat Bapa* ini dari Frank Hammond yang bukunya begitu luar biasa. Tanpa Berkat Bapa selalu ada sesuatu rasa kehilangan – kalau kita kehilangan sesuatu di hati kita tidak ada yang memenuhinya. Bapa taruh tanganmu ke anak anak dan anggota keluarga lainnya (misalnya menaruh tangan anda di kepala atau bahu mereka) dan sering berkati mereka. Tunjukkan kebaikan Tuhan dan rencana Tuhan, lakukan keduanya kepada mu dan mereka, dimana pun mereka berada.

Dimana pun saya berbagi pesan ini, saya meminta para pria dan wanita: "berapa banyak orang-orang disini pernah memiliki tangan bapa di letakkan atas mereka?" hanya beberapa orang yang mengangkat tangan kemudian saya mengulang pertanyaanlagi: "berapa banyak orang yang belum pernah merasa- kan tangan bapa atas mereka dan berkati mereka?" Hampir semua orang mengangkat tangan mereka. Maka saya bertanya apakah mereka mengijinkan saya untuk menjadi seorang bapa rohani kepada mereka pasa saat itu, menjadi pengganti. Kiranya di dalam kekuatan Roh kudus, memberkati mereka dengan berkat yang belum pernah mereka dapatkan.

Respon yang sangat luar biasa terjadi: ada begitu ban- yak air mata, pembebasan, sukacita, penyembuhan yang sangat menakjubkan. Jika anda mendapatkan berkat bapa seperti yang saya lakukan, katakana kalimat berikut ini dengan keras atas dirimu. Ini adalah berkat yang saya dapatkan dari buku Frank Hammond.

Berkat seorang bapa

Anakku (sebutkan namanya…) aku cinta mu! Engkau adalah spesial. Kalian adalah hadiah dari Tuhan. Aku berterima kasih kepada Tuhan bahwa aku bisa menjadi bapa mu. Aku bangga pada mu dan ku bersukacita atas dirimu, dan sekarang aku memberkati mu.

Aku memberkati mu (sebutkan namanya…) dengan penyembuhan atas semua luka di hati mu yaitu luka penolakan, pengabaian dan pelecehan yang telah kau derita. Di dalam Nama Yesus, aku mematahkan kekuatan yang jahat dan tidak adil atas semua perkataan yang telah diucapkan kepadamu.

Aku memberkatimu dengan penuh damai sejahtera yang hanya Yesus Kristus yang dapat berikan.

Aku memberkati hidupmu supaya berbuah banyak: menghasilkan buah yang bagus, buah yang berlimpah dan yang tetap.

Aku memberkati kalian dengan kesuksesan bahwa engkau adalah kepala bukan ekor; engkau selalu di atas dan tidak di bawah.

Aku memberkati karunia yang Tuhan telah berikan kepada mu. Aku memberkati mu dengan hikmat akal budi untuk membuat keputusan yang baik dan benar serta untuk memgembangkan potensi mu sepenuhnya di dalam Kristus.

Aku memberkati mu dengan banyak kemakmuran supaya engkau bisa menjadi berkat kepada orang lain.

Aku memberkati mu dengan rohani yang kuat bahwa engkau adalah terang dan garam di dunia.

Aku memberkati mu dengan pengenalan akan

Tuhan Yesus yang semakin dalam dan semakin berjalan dekat dengan Tuhan. engkau tidak akan terjatuh terus menerus karena Firman Tuhan akan menjadi lampu untuk kaki mu dan terang bagi jalan mu.

Aku memberkati mu untuk menjadi wanita/laki-laki yang seperti Yesus inginkan.

Aku memberkati mu untuk dapat melihat serta menarik keluar dan merayakan yang terbaik di dalam kehidupan orang orang, bukan keburukannya.

Aku memberkati mu untuk melepaskan Tuhan di tempat kerja, tidak hanya untuk bersaksi, atau model karakter yang baik, tapi juga untuk memuliakan Tuhan dengan keunggulan dan kreativitas karya mu.

Aku memberkati mu dengan teman-teman yang baik. Engkau berpihak pada Tuhan dan manusia.

Aku memberkati mu dengan kasih yang berlimpah limpah dan engkau akan memberikan kasih karunia Allah kepada orang lain. Engkau akan memberikan Kasih karunia penghiburan dari Tuhan kepada orang lain. Engkau di berkati, anak ku! Engkau di berkati dengan semua berkat rohani di dalam Yesus Kristus. Amen!

Kesaksian tentang nilai berkat seorang bapa

Saya berubah oleh berkat Bapa. Sejak saya lahir saya belum pernah mendengar pesan tersebut diberikan. Saya tidak pernah memiliki bapa kandung untuk berbicara di dalam hidup saya, sampai sekarang. Tuhan memakai anda, Richard, untuk membawa saya ke suatu titik di mana saya perlu berdoa dan memiliki bapa rohani menyatakan berkat seorang bapa di dalam hidup saya. Ketika anda melepaskan berkat bapa ke anak, hatiku adalah dihibur dan sekarang saya bahagia dan diberkati. – Pendeta Wycliffe Alumasa, Kenya

Itu adalah perjalanan yang panjang dan sulit

yang menuntun jalan saya melalui depresi; pertempuran di dalam pikiran, roh, tubuh. Menyembuhkan masa lalu saya menjadi kunci dan tidak ada langkah yang lebih penting daripada memaafkan bapa saya – tidak hanya untuk hal-hal menyakitkan yang telah dia lakukan di masa lalu tetapi lebih untuk hal-hal yang belum dia lakukan – kelalaiannya. Bapa saya tidak pernah bicara bila dia mencintai saya. Dia memiliki blok emosional. Dia tidak bisa menemukan kata-kata yang penuh kasih sayang, perhatian, dan emosional untuk dikatakan – meskipun hasrat dalam jiwa saya untuk mendengarkannya.

Melalui proses pengampunan dan penyembuhan batin, depresi saya terangkat, saya masih membawa beberapa gejala fisik – sindrom usus terbesar yang membuat kita mudah tersinggung. Saya telah di beri resep obat dan diet dari dokter dan mempunyai effek yang sedikit dan tidak perubahan, dokter bicara untuk bisa menyembuhkan sakitnya dan dokter tidak bisa memberikan solusi untuk bisa sembuh dari sakit yang dia derita.

Seorang teman saya, Richard, telah mengatakan cerita tentang berkat Bapa, dan apa yang orang orang telah responi Sesuatu dalam Roh saya menangkap dan memegang ide. Saya menjadi sadar bahwa sementara saya telah mengampuni bapa saya yang sudah meninggalkan dan membuat luka bathin saya, dan saya tidak merasakan kepuasaan dalam jiwa saya.

Dan begitulah terjadi. Suatu pagi di kafe, sambil sarapan, Richard masuk dan menjadi Bapa saya yang tidak bisa mengisi dan berkati saya sebagai anak. Roh kudus penuhi saya dan tetap bersama saya sepanjang hari itu. Itu adalah pengalaman yang indah dan bagian dari jiwaku yang telah menangis adalah damai. Namun hasil yang tidak terduga adalah gejala saya sindrom iritasi usus berhenti sepenuhnya. Obat dan diet saya dari dokter saya buang. Ketika jiwa saya menerima apa yang diingingkannya, tubuh saya juga disembuhkan. – Ryan

Berkati orang lain dengan melakukan nubuat

Meskipun saya telah memberikan contoh untuk membantu Anda memulai, baik untuk meminta Roh Kudus dan untuk membantu Anda menjadi seperti mulutnya Tuhan, menyatakan dan melepaskan tujuan spesifik Tuhan atau "perkataan di musim" (kata yang tepat pada waktu yang tepat). Jika situasi memungkinkan, aktifkan semangat Anda dengan berdoa dalam bahasa roh atau beribadah. Anda mungkin mulai dengan menggunakan berbagai model di atas, tapi percayalah bahwa Roh Kudus akan mengarahkan anda, mendengarkan detak jantungnya. Anda mungkin mulai tersendat-sendat, tapi anda akan segera menangkap hati Tuhan.

Berkati kerjaan anda

Kembali ke bagian 1 dan beradaptasi contoh yang saya berikan, dari pengalaman saya sendiri, dengan keadaan. Terbuka untuk apa yang Tuhan tunjukkan kepada anda, Ia dapat mengatur perspektif anda bahwa Berkat tidak seperti mantra sihir. Contohnya, Tuhan tidak akan membuat orang membeli apa yang mereka tidak inginkan atau perlukan. Tuhan juga tidak akan memberkati kemalasan dan ketidakjujuran.

Tetapi jika anda memenuhi persyaratan-Nya, maka Anda harus memberkati bisnis anda bahwa Tuhan akan membantu Anda mengambilnya dari tempat sekarang ke tempat dimana Ia inginkan itu terjadi. Dengarkan nasehat-Nya atau nasehat dari orang-orang yang Ia kirimkan kepada anda. Terbukalah, tetapi juga mengharapkan bantuan-Nya, karena Ia mengasihi anda dan ingin anda berhasil.

Saya menerima yang berikut ini kesaksian dari Ben Fox:

Pekerjaan saya khususnya di industri properti mengalami perubahan akhir ahir ini. Saya telah bekerja selama beberapa tahun dan telah terjadi penurunan yang signifikan dalam bisnis saya. Saya telah pergi ke beberapa orang untuk berdoa untuk pekerjaan saya karena beban kerja saya menurun ke titik dimana saya merasa khawatir dan cemas.

Sekitar waktu yang sama, di awal 2015, saya

mendengar Mr Brunton mengkhotbahkan serangkaian pesan tentang memberkati pekerjaan, bisnis, keluarga dan area lainnya. Sampai saat itu, fokus doa saya adalah meminta Tuhan untuk membantu saya daerah-daerah ini. Gagasan tentang diri kita berbicara berkat belum diajarkan kepada saya, tetapi sekarang saya dapat melihat bahwa itu tertulis di seluruh Alkitab, dan saya tahu bahwa Tuhan memanggil kita, dan telah memberi kita otoritas, untuk melakukannya dalam nama Yesus. Jadi saya mulai memberkati pekerjaan saya untuk mengucapkan firman Allah lebih dari itu dan bersyukur kepada Tuhan untuk itu. Saya bertahan dengan memberkati pekerjaan saya setiap pagi dan juga berterima kasih Tuhan untuk bisnis baru serta meminta kepada Dia untuk mengirim kepada saya klien yang dapat saya bantu. Selama dua belas bulan ke depan, volume pekerjaan saya meningkat secara signifikan, dan sejak itu, kadang-kadang sulit untuk menangani jumlah perkerjaan yang telah saya terima.

Saya telah belajar bahwa ada cara untuk menyertakan Allah setiap hari dan melepaskan berkat atas pekerjaan adalah bagian dari panggilan Tuhan atas kita untuk melakukannya. Oleh karena itu saya berikan Allah semua pujian. Saya juga mulai mengundang Roh Kudus di dalam pekerjaan saya serta meminta kebijaksanaan dan ide-ide yang kreatif. Secara khusus, saya telah melihat bahwa ketika saya meminta Roh Kudus untuk membantu saya dengan efisiensi dalam pekerjaan saya, saya biasanya menyelesaikan dengan baik sebelum waktu yang diharapkan.

Tampaknya kepada saya bahwa ajaran melepaskan berkat dan bagaimana untuk melakukan itu, telah banyak dilupakan oleh gereja-gereja, seperti orang-orang Kristen lainnya yang telah saya ajak bicara juga tidak menyadari akan hal itu. Memberkati perkerjaan saya sekarang telah menjadi kebiasaan sehari-hari, seperti saya juga telah memberkati orang lain. Saya juga mencari – cari dengan harapan untuk melihat buah-buah pada orang-orang dan hal-hal yang saya berkati ketika hal ini sesuai dengan kata kata Allah dan di dalam Nama Yesus.

Berkati komunitas

Saya berpikir di sini gereja atau organisasi serupa sangat perlu memberkati masyarakat di mana ia berada.

Orang-orang .... (komunitas), kami memberkatimu di dalam Nama Yesus untuk mengenal Allah, untuk mengetahui tujuan-tujuan-Nya untuk hidupmu dan untuk mengetahui berkat-berkat-Nya pada setiap orang daripada mu, keluargamu dan semua situasi di kehidupanmu.

Kami memberkati setiap rumah tangga di .... (komunitas). Kami memberkati setiap pernikahan dan kita memberkati hubungan antara anggota keluarga dari generasi yang berbeda.

Kami memberkatimu dalam kesehatan dan kekayaan.

Kami memberkati pekerjaan tanganmu. Kami memberkati setiap perusahaan mu. Supaya memberikan kemakmuran.

Kami memberkati murid-murid di sekolah-sekolah, kami memberkati mereka untuk belajar dan untuk memahami apa yang telah diajarkan. Kiranya mereka bertumbuh dalam kebijaksanaan dan bertumbuh serta didukung oleh Allah dan manusia. Kami memberkati para guru dan berdoa bahwa sekolah dapat menjadi tempat yang aman dan sehat, di mana keyakinan Allah dan Yesus dapat dengan nyaman diajarkan.

Kami berbicara ke dalam hati semua orang yang ada di komunitas ini. Kami memberkati mereka untuk menjadi terbuka untuk dorongan Roh Kudus dan menjadi lebih responsif terhadap suara Tuhan. Kami memberkati mereka dengan kelimpahan Kerajaan Surga yang kita alami di sini .... (gereja).

Jelas disini bahwa setiap jenis berkat harus disesuaikan untuk jenis tertentu dari komunitas. Misalnya

Itu adalah peternakan, anda memberkati tanah dan hewan, kemudian memberkati usaha-usaha lokal untuk menciptakan lapangan pekerjaan. Tujuan berkat adalah untuk kebutuhan. Jangan khawatir tentang apakah mereka layak atau tidak! Orang-orang akan merasakan di dalam hati mereka bahwa berkat-berkat benar itu dari mana.

Berkat tanah
Di kitab Kejadian, kita melihat bahwa Allah memberkati umat manusia, memberikan mereka kekuasaan atas tanah dan semua makhluk hidup, dan memerintahkan mereka untuk beranak cucu dan bertambah banyak, hal Ini adalah aspek manusia untuk kemuliaan aslinya.

Waktu saya di Kenya baru-baru ini, saya bertemu dengan seorang misionaris yang mengambil di anak-anak di jalanan dan mengajarkan mereka tentang pertanian. Dia mengatakan kepada saya sebuah cerita dari komunitas muslim yang mengklaim bahwa tanah mereka dikutuk, karena tidak ada yang akan tumbuh di atasnya. Teman misionaris saya dan komunitas Kristen lantas kemudian memberkati tanah tersebut dan tanah itu menjadi subur. Ini adalah demonstrasi dramatis dari Allah daya yang dirilis oleh berkat.

Sementara di Kenya, saya juga berjalan di sekitar anak yatim piatu kami didukung gereja, memberkati mereka, kebun kebun mereka, ayam dan sapi-sapi mereka. (Saya berkati pohon saya dan ini berhasil.)

Geoff Wiklund bercerita tentang sebuah gereja di Filipina yang diberkati sebidang tanah, pada saat di tengah-tengah masa kekeringan serius. Tanah mereka adalah satu-satunya tempat yang menerima curah hujan. Para petani disekitar datang untuk mengumpulkan air bagi sawah mereka yang mereka dapatkan dari parit yang mengelilingi tanah gereja itu. Ini adalah satu lagi keajaiban yang luar biasa di mana kebaikanTuhan dilepaskan melalui berkat.

Berkat Tuhan

Meskipun saya telah meninggalkan ini untuk yang terakhir, ini sebetulnya harus datang pertama. Alasan saya menempatkan terakhir, karena sepertinya tidak cocok modelnya untuk berbicara niat Tuhan atau kebaikan Tuhan) Tapi ini adalah ide untuk membuat bahagia.

Bagaimana kita memberkati Tuhan? Salah satu cara untuk melakukan hal ini ditunjukkan di Mazmur 103:

Pujilah (Bless) Tuhan, hai jiwaku! dan janganlah lupakan semua kebaikanNya!

Apa saja manfaat Allah terhadap jiwa kita? Ia mengampuni, menyembuhkan, menebus, memahkotai, memuaskan, memperbarui…

Saya membuat latihan untuk mengingat dan bersyukur ke Tuhan setiap hari untuk apa yang telah dilakukanya dan melalui saya. Saya ingat dan menghargai semua yang dia Tuhan lakukan buat saya. Ini memberkati Dia, dan saya juga! Bagaimana perasaan anda ketika seorang anak berterima kasih atau atau menghargai anda untuk sesuatu yang anda telah lakukan atau berbicara? Membuat hati saya tersentuh dan membuat anda mau melakukannya lagi buat mereka.

Kata terakhir dari seorang pembicara

Sulit itu menjelakas bagaimana berkat telah mengubah hidup saya. Di dalam, pengalaman singkat saya sejauh ini, tidak ada yang menolak berkat ketika saya telah menawarkan untuk memberikannya. Saya bahkan mempunyai kesempatan untuk memberkati seorang muslim dan menawarkan untuk berdoa berkat atas orang itu. Supaya dibuka jalan hidupnya, ini adalah hal yang sederhana, tidak menakutkan dan ini adalah jalan untuk membawa orang ke Kerajaan Allah ke dalam situasi, di dalam kehidupan orang itu. Saya mampu mendoakan berkat yang akan ditambahkan sebagai alat yang spesial untuk alat kerohanian saya... Seperti bagian dari kehidupan saya sebelumnya yang hilang dan sekarang telah di taruh kembali ketempatnya... – Sandi.

APPLIKASI

- Pikirkan seseorang yang pernah menyakiti anda – ampuni jika perlu, tetapi kemudian lebih jauh lagi, berkati mereka.

- Merenungkan hal hal yang anda telah lakukan ketika pernah berbicara mengutuki orang lain atau diri sendiri. Apa yang anda akan lakukan tentang itu?

- Menulis suatu berkat untuk diri sendiri, pasangan anda dan anak-anak anda.

- Bertemu dengan orang lain dan terbuka untuk memberi nubuat atas mereka. Tanya Tuhan untuk pewahyuan yang spesifik dan kasih motivasi untuk orang tersebut. Mulailah dengan berbicara perkataan yang umum, misalnya, "Saya memberkatimu di dalam Nama Yesus, kiranya recana Tuhan dan tujuan hidupmu datangdan membuahkan hasil…" dan tunggu, bersabar. Ingat kita mempunyai pikiran Kristus lalu ubah arah, dan miliki orang lain untuk bernubuat dan memberkati mu.

- Di gereja saudara, membangun sebuah komunitas untuk memberkati penjangkauan jiwa dan kesembuhkan di wilayah mu, atau berkati misi yang sudah engkau miliki.

BAGAIMANA BISA MENJADI SEORANG KRISTEN?

Buku kecil ini di tulis untukk kristen. Oleh "orang kristen" tidak hanya berarti untuk orang orang yang menjalani kehidupan yang baik. Maksud saya orang-orang yang sudah dilahirkan kembali oleh Roh Allah dan yang mengasihi dan mengikuti Yesus Kristus. Manusia itu dibuat di tiga aspek roh, jiwa dan tubuh. Bagian roh sudah di rancang untuk tahu dan bersatu dengan Tuhan yang Kudus yaitu Roh. Manusia diciptakan untuk mempunyai keintiman dengan Tuhan, roh untuk roh. Namun, dosa manusia memisahkan kita dari Tuhan mengakibatkan kematian roh kita, dan hilangnya komunikasi dengan Tuhan.

Akitbatnya, orang cenderung untuk berada di luar jiwa dan tubuh mereka saja. Jiwa terdiri kecerdasan, kemauan dan emosi. hasil dari ini hanya untuk bisa lihat di dunia: keegoisan, kebanggaan, keserakahan, kelaparan, perang dan kurangnya kedamaian sejati dan makna. Tapi Tuhan memiliki rencana untuk menebus manusia. Allah Bapa yang mengutus AnakNya, Yesus, dia adalah Tuhan. Untuk datang ke dunia sebagai seorang manusia untuk menunjukkan kepada kita. Seperti apakah Tuhan itu – *"jikalau kamu melihat saya kamu juga melihat Bapa"* – dan Tuhan ambil konsekuensi itu akibat dari dosa kita. KematianNya yang mengerikan dikayu salib telah direncanakan sejak awal dan diprediksi secara rinci di dalam perjanjian lama. Dia membayar harga untuk dosa umat manusia.

Tetapi kemudian Tuhan membangkitkan Yesus dari antara orang mati. Yesus berjanji bahwa orang-orang yang percaya kepadaNya akan dibangkitkan dari kematian untuk menghabiskan kekekalan dengan Dia. Sekarang Ia memberikan RohNya, sebagai jaminan, sehingga kita akan mengenal Dia dan berjalan denganNya selama sisa hidup kita di dunia. Jadi disana kita mempunyai dasar dari injil Yesus Kristus. Jika anda mengakui dan berterus terang akan dosa anda, jika anda percaya bahwa Yesus menanggung atas diriNya di kayu salib hukuman bagi anda.

Dan bahwa Dia telah dibangkitkan dari antara orang mati, maka kebenaranNya akan di perhitungkan untuk anda. Tuhan akan menuetus Roh Kudus untuk memperbarui roh manusia anda – itulah apa arti di lahirkan kembali – dan anda dapat mulai mengetahui dan berkomunikasi intim dengan Tuhan – itulah sebabnya mengapa dia menciptakan kamu di tempat pertama! Ketika tubuh fisik anda mati, kristus akan mengangkat anda dan memberikan anda kemuliaan, dan keabadian, wow!

Sementara anda masih tinggal di bumi ini, Roh Kudus (dia adalah Tuhan) akan bekerja di dalam hidup anda (untuk membersihkan anda dan membuat anda seperti karekter Yesus) dan melalui anda untuk menjadi berkat kepada orang lain.

Mereka yang memilih untuk tidak menerima apa yang Yesus sudah bayar. Mereka akan dihakimi dengan semua konsekuensinya. Anda tidak pingin itu.

Disini ada sebuah doa yang bias anda ikuti dan saya berharap anda berdoa dengan tulus hati maka anda akan di lahirkan kembali:

Bapa sogawi yang Kudus dan Mulia, saya datang kepada mu di dalam Nama Yesus. saya mengakui kepada mu bahwa saya seorang berdosa (mengakui semua dosa anda) Saya benar benar menyesal untuk dosa dosa ku dan kehidupan yang saya telah hidupi tanpa Mu dan saya membutuhkan pengampunan Mu.

Saya percaya bahwa AnakMu yang tunggal, Yesus Kristus telah mencurahkan darahNya dikayu salib dan mati buat dosa dosaku dan sekarang saya bersedia untuk berbalik dari semua dosa dosaku.

Engkau berkata di dalam alkitab (Roma 10:9) sebab jikak amu mengaku dengan mulutmu, bahwa Yesus adalah Tuhan, dan percaya dalam hatimu, bahwa Allah telah membangkitkan dia dari antara orang mati, maka kamu akan diselamatkan.

Sekarang ini saya mengakui Yesus sebagai Tuhan dalam jiwaku. Saya percaya bahwa Tuhan telah membangkitkan Yesus dari orang mati. Saat ini saya menerma Yesus Kristus sebagai juruselamat pribadi saya dan menurut firmanNya sekarang saya diselamatkan, terima Kasih Bapa, untuk kasih Mu kepada saya yang begitu besar bahwa kamu bersedia mati buat saya. Engkau menakjubkan, Yesus, dan saya mencintaiMu.

Sekarang saya meminta Mu untuk menolong saya oleh Rohmu mulai dari waktu awal. Tuntun saya kesesama orang percaya dan gereja pilihanMu, kiranya saya bertumbuh di dalam Mu, di dalam Nama Yesus, Amen.

Terima kasih untuk pembaca buku kecil ini.
Saya suka mendengar kesaksian anda,
bagaimana berkat berubah di hidup anda,
atau hidup orang lain yang anda berkati.
Mohon hubungi saya di email:

richard.brunton134@gmail.com

www.ingramcontent.com/pod-product-compliance
Lightning Source LLC
Chambersburg PA
CBHW071831290426
44109CB00017B/1794